# Mise en place d'un SGDT dans une structure d'enseignement

Rémy Debarnot

# Mise en place d'un SGDT dans une structure d'enseignement

## Les Systèmes de Gestion de Données Techniques: L'ingénierie des données

Éditions universitaires européennes

**Mentions légales / Imprint (applicable pour l'Allemagne seulement / only for Germany)**
Information bibliographique publiée par la Deutsche Nationalbibliothek: La Deutsche Nationalbibliothek inscrit cette publication à la Deutsche Nationalbibliografie; des données bibliographiques détaillées sont disponibles sur internet à l'adresse http://dnb.d-nb.de.
Toutes marques et noms de produits mentionnés dans ce livre demeurent sous la protection des marques, des marques déposées et des brevets, et sont des marques ou des marques déposées de leurs détenteurs respectifs. L'utilisation des marques, noms de produits, noms communs, noms commerciaux, descriptions de produits, etc, même sans qu'ils soient mentionnés de façon particulière dans ce livre ne signifie en aucune façon que ces noms peuvent être utilisés sans restriction à l'égard de la législation pour la protection des marques et des marques déposées et pourraient donc être utilisés par quiconque.

Photo de la couverture: www.ingimage.com

Editeur: Éditions universitaires européennes est une marque déposée de
Südwestdeutscher Verlag für Hochschulschriften GmbH & Co. KG
Heinrich-Böcking-Str. 6-8, 66121 Sarrebruck, Allemagne
Téléphone +49 681 37 20 271-1, Fax +49 681 37 20 271-0
Email: info@editions-ue.com

Produit en Allemagne:
Schaltungsdienst Lange o.H.G., Berlin
Books on Demand GmbH, Norderstedt
Reha GmbH, Saarbrücken
Amazon Distribution GmbH, Leipzig
**ISBN: 978-3-8417-8130-7**

**Imprint (only for USA, GB)**
Bibliographic information published by the Deutsche Nationalbibliothek: The Deutsche Nationalbibliothek lists this publication in the Deutsche Nationalbibliografie; detailed bibliographic data are available in the Internet at http://dnb.d-nb.de.
Any brand names and product names mentioned in this book are subject to trademark, brand or patent protection and are trademarks or registered trademarks of their respective holders. The use of brand names, product names, common names, trade names, product descriptions etc. even without a particular marking in this works is in no way to be construed to mean that such names may be regarded as unrestricted in respect of trademark and brand protection legislation and could thus be used by anyone.

Cover image: www.ingimage.com

Publisher: Éditions universitaires européennes is an imprint of the publishing house
Südwestdeutscher Verlag für Hochschulschriften GmbH & Co. KG
Heinrich-Böcking-Str. 6-8, 66121 Saarbrücken, Germany
Phone +49 681 3720-310, Fax +49 681 3720-3109
Email: info@editions-ue.com

Printed in the U.S.A.
Printed in the U.K. by (see last page)
**ISBN: 978-3-8417-8130-7**

# SOMMAIRE

*Mise en place d'un système de gestion de données
techniques dans une structure d'enseignement*

4

## TABLE DES FIGURES

*Mise en place d'un système de gestion de données
techniques dans une structure d'enseignement*

Au cours de ces dernières années, l'industrie manufacturière est passée d'une focalisation client à une focalisation sur le produit au travers du cycle de vie. Le produit se retrouve au cœur des décisions stratégiques de l'entreprise en termes de marché, de compétitivité et de nouvelles technologies, ce qui permet de valoriser les produits, d'augmenter les revenus qu'ils procurent, de minimiser les risques et de réduire l'ensemble des coûts associés à leur développement. La gestion de données sur les produits devient ainsi une activité économique à part entière.

Mais, les industriels ne se sont pas arrêtés à la simple diffusion des informations produits dans l'entreprise. Il s'agit désormais non seulement de développer des produits le plus rapidement et le plus économiquement possible, mais également de recentrer les ingénieurs sur leur activité première : la création. Face à une compétition mondiale exacerbée, l'innovation reste l'un des plus sûrs atouts de développement.

Nés au milieu des années 80 pour répondre aux problèmes de gestion des mises à jour des modèles CAO, les Systèmes de Gestion de Données Techniques (SGDT) s'intéressent à toutes les références informationnelles d'un produit couvrant l'ensemble du cycle de vie. Ils assurent un grand nombre de fonctionnalités dont les plus courantes sont :
- Le référencement, l'organisation et le stockage-archivage des données suivant une topologie définie par l'utilisateur (nomenclatures, plans, dessins, gammes, notices techniques, etc.)
- Le partage, la diffusion et la sécurisation des données tout en contrôlant la disponibilité en fonction des services, des rôles, des groupes ou des personnes et les autorisations d'accès  pour consultation, modification, validation ou destruction des données
- La distribution informationnelle suivant le traitement des dossiers, les procédures qualité et la planification du projet établis en entreprise.

Les SGDT étant très ancrés dans les secteurs automobiles, aéronautique… il devient une nécessité pour les écoles d'ingénieur d'inclure une formation sur ce type d'outil dans leur cursus. L'ENSAM (Ecole Nationale Supérieure des Arts et Métiers), comme toutes les écoles d'ingénieur de haut rang, se doit d'intégrer dans son cursus une partie dédiée aux SGDT.

Dans cette optique, le service CAO (Conception Assistée par Ordinateur) de l'ENSAM dirigé par M. Veron, a souhaité la mise en place d'un système de gestion de données techniques. Le but est de créer un outil qui permette aux élèves d'appréhender les méthodes de travail implantées dans l'industrie. Dans ce cadre, l'objectif est de proposer un applicatif aux enseignants pour former les élèves à l'utilisation d'un SGDT aussi bien pour des cours et travaux pratiques que pour des projets.

Ce système aura pour but de :
- Gérer les données des élèves lors des simulations de bureaux d'études et des projets
- Pérenniser les données du service CAO sur des projets se déroulant sur plusieurs années
- Sécuriser l'accès aux données par utilisateur (ou groupe d'utilisateur) selon leur rôle.

Dans le cadre de ce projet, je commencerai par présenter le contexte du projet. Je donnerai dans une seconde partie les objectifs de ce projet. Dans une troisième partie, je détaillerais les solutions possibles pour accomplir l'objectif visé. Dans les deux dernières parties, Je définirai ensuite les concepts inhérents à la solution choisie ainsi que son déploiement.

# LE CONTEXTE DU PROJET

## 1.1 L'ENSAM

### 1.1.1 Petit historique de l'ENSAM

Fondée en 1780 par le duc de La Rochefoucauld-Liancourt, l'Ecole Nationale Supérieure d'Arts et Métiers a formé depuis plus de 75 000 ingénieurs qui ont marqué de leur empreinte l'histoire du développement industriel français.

De 1806 à 1997, ce sont huit Centres d'Enseignement et de Recherche qui vont être créés.
En 1964, l'Ecole ouvre ses portes aux filles.
En 1990, un nouveau statut rassemble les écoles en un grand établissement. Ce réseau coordonné par une direction générale, fait ainsi de l'ENSAM, une "école nationale régionalisée". Elle devient un EPSCP (Etablissement Public à caractère Scientifique, Culturel et Professionnel), placé sous la tutelle du Ministère de l'Education Nationale.
De 1995 à 2000, trois Instituts de recherche et de formation post-diplôme viennent compléter le réseau.

Dans un cadre plus local, l'ENSAM d'Aix-en-Provence utilise des locaux religieux puis hospitaliers du 17ème siècle. Les ateliers furent construits vers 1850, puis remaniés et étendus en 1913, les laboratoires de métallurgie et d'électronique datent de 1969.

### 1.1.2 L'ENSAM et l'industrie

Depuis sa création, l'ENSAM a toujours été liée à l'industrie. Cette relation forte se retrouve aujourd'hui encore dans les domaines techniques dans lesquels les anciens élèves sont employés.

**Figure 1 : Activités dominantes exercées dans l'entreprise (en %)**

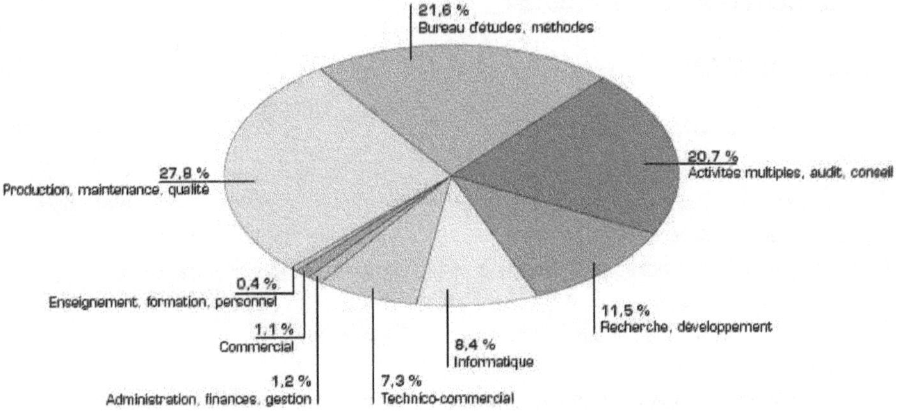

21,6 %
Bureau d'études, méthodes

20,7 %
Activités multiples, audit, conseil

27,8 %
Production, maintenance, qualité

0,4 %
Enseignement, formation, personnel

1,1 %
Commercial

11,5 %
Recherche, développement

8,4 %
Informatique

1,2 %
Administration, finances, gestion

7,3 %
Technico-commercial

### 1.1.3 La formation à l'ENSAM

Le cursus est scindé en deux périodes : la 1ère période d'une durée d'un an adaptée aux connaissances des élèves en fonction de leurs filières de recrutement, la 2ème période semestrialisée est composée des 2ème et 3ème années. A l'occasion de la 2ème période, chaque étudiant peut personnellement orienter et bâtir son cursus en France et à l'étranger.

La formation est basée sur l'acquisition de « capacités » qui définissent le profil de l'Ingénieur Arts et Métiers :
- Établir un avant-projet
- Élaborer une conception détaillée pour concevoir un produit
- Maîtriser la transformation de la matière pour maîtriser les procédés
- Concevoir un système industriel
- Piloter un système industriel pour maîtriser l'ingénierie des systèmes industriels
- Évaluer les interactions homme-structure-société pour gérer une organisation.

Deux stages sont obligatoires pendant la scolarité :
- Un stage exécutant de 4 semaines pendant lequel l'élève-ingénieur prend contact dès le 1er trimestre avec l'entreprise et découvre l'organisation de l'entreprise

- Un stage industriel de 13 semaines en fin de 2ème année où l'élève-ingénieur doit avoir une mission d'organisation, de gestion et de conception, toujours avec un certain niveau de responsabilité

Un Projet d'Expertise en 3ème année réalise la synthèse de la formation. L'élève-ingénieur doit résoudre une problématique industrielle, en entreprise ou en laboratoire.

Le projet d'expertise, c'est l'acte terminal de la formation d'ingénieur à l'ENSAM. Il est demandé à l'élève ingénieur de traiter un problème où la mise en situation se fait sur un cas réel. C'est un projet de partenariat avec l'entreprise et/ou un laboratoire de recherche. Le but est de montrer qu'ils sont passés d'un stade d'assimilation des connaissances à leur maîtrise avec intégration du savoir et du savoir-faire.

### 1.1.4 L'ENSAM en chiffres

- 1 000 ingénieurs généralistes diplômés par an, formés au génie mécanique et au génie industriel
- 400 professeurs permanents et 200 vacataires industriels.
- 20 laboratoires et équipes de recherche
- 2 DRT, 12 mastères spécialisés habilités par la Conférence des Grandes Ecoles

## 1.2 Le CER d'Aix-en-Provence

Le centre d'Aix forme des promotions de 150 ingénieurs par an sur deux ans alors que la troisième année se déroule au centre de Paris.

### 1.2.1 Le service commun informatique

Le Service Commun Informatique (SCI) est composé de quatre personnes : Une Chef de service (enseignante), un ingénieur d'études et deux techniciens dont je fais partie.

Il assure la gestion des ressources informatiques communes au Centre. Il doit apporter aux usagers les services suivants :
- Déploiement des infrastructures du réseau local et de sa connexion au réseau RENATER.
- Administration de certains services réseaux tels que les serveurs d'informations en ligne, la sauvegarde centralisée des données, la délocalisation de l'environnement de travail des utilisateurs.
- Gestion des licences des logiciels.
- Assistance, conseil et formation des utilisateurs sur la mise en œuvre et l'utilisation des outils mis à leur disposition.
- Sécurisation des informations présentes sur les différents postes informatiques
- Service de diffusion d'information par un site portail

Dans le cadre du contrat quadriennal, les membres du SCI participent, en collaboration avec les informaticiens des autres centres ENSAM, à des projets nationaux :
- Le projet Visioconférence qui a pour but de mettre en place une solution de visioconférence inter-centres
- Le projet Environnement Numérique de Travail visant la mise en place d'une plateforme ENT pour tous les centres
- Le projet Ingénierie Collaborative dont l'objectif est de définir un pôle de réflexion à l'ENSAM sur les problématiques d'Ingénierie Collaborative dans le cadre de la pédagogie, de la recherche et du transfert technologique.

En tant que membre du service informatique, je participe au groupe technique du projet Ingénierie Collaborative. Cette fonction m'a amené à participer à des réunions pour décider d'achat de matériel, à déployer des systèmes sur des ordinateurs dédiés à l'ingénierie collaborative, ainsi qu'à configurer ces postes informatiques.

Cette participation au projet d'ingénierie collaborative m'a permis de suivre au plus près l'évolution technique et organisationnelle des différentes actions menées dans le cadre de l'ingénierie collaborative. Les informations acquises m'ont fait avancer sur le projet.

Par cette participation, j'ai aussi pu assister à une présentation d'un produit et d'être formé à l'utilisation d'un logiciel.

### 1.2.2 Le service CAO

Il est le client du projet. Il est composé de deux personnes : Un chef de service (un enseignant-chercheur) et un assistant-ingénieur.

Le service est chargé de :
- Choisir et déployer des solutions de CAO dans le centre
- Assurer le support sur les outils de CAO ainsi que l'aide aux élèves dans le cadre de projets
- Mettre en place des outils d'aide à l'enseignement
- Assurer une veille technologique sur l'évolution du marché de la CAO.

## 2  OBJECTIF DU PROJET

### 2.1  Problématique

Dans la partie CAO de la formation des ingénieurs ENSAM, une période est consacrée à une simulation de bureau d'études par groupe d'élèves. Les projets sont très nombreux (environ 70), n'ont qu'une durée de vie très courte et doivent être sécurisés. En effet, les élèves travaillent par petits groupes sur des projets identiques, ce qui nécessite de cloisonner les groupes afin de sécuriser les travaux.

Les élèves doivent également mener lors de leur scolarité un projet métier. L'organisation d'un projet métiers est la suivante :
- 4 élèves dont un chef de projet, interlocuteur principal avec le personnel technique et l'enseignant
- un client qui est généralement un industriel
- une solution à donner face à un problème posé

Les projets métiers ont pour objectif d'amener les élèves à simuler le comportement d'un groupe de travail dans une entreprise. Selon cette idée, un chef de projet est désigné parmi les quatre élèves que composent les groupes. Des droits différents devront être attribués pour cet utilisateur qui sera chargé de valider le travail de ses camarades.

Parfois les projets métiers sont menés sur plusieurs années, comme par exemple le projet Marathon Shell qui a nécessité deux ans de groupes d'élèves pour pouvoir présenter un produit livrable. Dans ce cas, la transmission des données se fait via un support amovible avec peu d'informations liées aux documents, sans historique ni commentaires. Pour assurer la pérennité et l'intégrité des informations de ce type de projet, une solution de gestion des données techniques serait intéressante.

Concevoir des pièces CAO est une des activités principales des élèves lors des projets. La ré-exploitation de ces ressources est très limitée, cela conduit à une perte de productivité due à un manque logiciel pour gérer les documents CAO.

Dans des projets très divers, de nombreuses pièces (élément de base d'un produit en conception) sont conçues par les élèves dans le cadre de projets, ce qui représente leur activité principale dans un travail en CAO.

Les mêmes documents sont ainsi réalisés plusieurs fois sans que les élèves ne sachent que cette pièce a déjà été faite et perdent du temps à cause d'un manque dans l'organisation des pièces.

Lors de projets d'expertise, les élèves travaillent en partenariat avec des entreprises externes à l'école. Un accès aux ressources de l'extérieur de l'école est souhaitable pour satisfaire ce besoin.

## 2.2 Objectifs

A l'ENSAM d'Aix-en-Provence, des projets ont été menés par des groupes de quatre élèves de 2$^{ème}$ année en vue de la mise en place d'un système de gestion de données techniques. Ces projets ont eu lieu en 2002 et en 2004 sur des versions différentes du logiciel Smarteam de Dassault Systèmes. De ce fait, le groupe de 2004 n'a pu reprendre le travail réalisé en 2002. Les fonctionnalités développées dans les différentes versions présentent des incompatibilités et l'évolution faite ne pouvait pas permettre de continuer sur les mêmes bases.

A l'occasion d'un mémoire d'ingénieur CNAM dont un des thèmes était l'installation de Smarteam et son paramétrage, un ingénieur de Dassault Systèmes était intervenu pour installer et paramétrer Smarteam. Cette intervention s'était déroulée dans le cadre de la mise en place de Smarteam à l'ENSAM. Malheureusement, de part la complexité inhérente à un tel système, la documentation peu exhaustive, ainsi qu'en raison des difficultés de l'élève ingénieur à se familiariser avec le monde de la CAO, cette intervention n'a pas été suivie de réalisations concrètes autour de ce logiciel. Par ailleurs, l'absence de suivi à la fin de la période de mémoire a rapidement rendu cette installation totalement obsolète du fait de l'évolution rapide et permanente des versions de ce logiciel.

Les diverses expériences sur ce thème ont constitué pour ce projet à une première ébauche. Concernant le stage d'ingénieur CNAM, il convient de souligner l'importance de ce projet qui nous a permis de mieux évaluer la difficulté que représentait le déploiement d'un tel système.
De façon à avoir une solution pérenne et éviter les écueils passés, un des impératifs est que le service informatique du centre d'Aix-en-Provence, en collaboration avec le service CAO, incorpore dans ses activités la pérennisation de ce système.

Dans le cadre de ses activités, le service CAO, client du projet, a exprimé le besoin de centraliser toutes ces informations produit de façon pérenne et sécurisée sur une plateforme unique et que celle-ci propose les services suivants :

- Stocker et sauvegarder les données
- Gérer le cycle de vie des données
- Offrir de multiples accès aux données
- Gérer les accès et sécuriser les données par utilisateur ou par projet
- Structurer les données et tracer les accès
- Intégrer les informations par rapport à leur type (CAO, Office, PDF)
- Favoriser la réutilisation des données et leur consolidation
- Avoir des possibilités d'évolution de l'outil.

# 3 ETUDE DES DIFFERENTES SOLUTIONS

## 3.1 Identification des informations

Mettre en place une méthode pour gérer les projets d'élèves et les travaux pratiques nécessite d'identifier les informations qui seront traitées

Comme les informations seront utilisées dans le cadre de bureaux d'études, une partie concerne strictement la CAO comme celles énoncées ici :
- Une pièce qui est un élément mécanique composant un produit
- Un produit qui est une agrégation de différentes pièces assemblées selon des contraintes
- Un dessin qui est le plan d'un produit ou d'une pièce.

A ces éléments CAO sont souvent associés d'autres informations sous la forme de fichiers comme :
- Des notices
- Des images descriptives
- Des vidéos de simulation
- Des commentaires.

Ces différents éléments peuvent avoir plusieurs états de cycle de vie : Signés, validés, ou obsolète.

Toutes ces informations et ces états devront être traités par la solution choisie.

## 3.2 Fonctions demandées

Avant d'expliquer les critères de choix qui ont amené à choisir une solution plutôt qu'une autre, il faut citer les fonctions que doit posséder le système que l'on souhaite mettre en place :
- Stocker, structurer et sécuriser les données
  - Stocker : Assurer le regroupement de toutes les données
  - Structurer : Organiser les documents par projet et/ou utilisateur
  - Sécuriser : Les données doivent être accessibles seulement par une connexion identifiée

- Tracer les évolutions des documents
  - Conserver les évolutions des fichiers avec des indices
  - Avoir un suivi industriel de l'évolution pour que l'enseignant puisse suivre le travail de l'élève
  - Reprendre une conception sur un indice antérieur ou une version antérieure
  - Faire de la gestion de version en gérant proprement les révisions
- Rechercher les informations, trouver les bonnes données
- Contrôler le partage des données entre les utilisateurs
  - Réservation d'un document quand on le modifie
  - Réconciliation possible entre documents
  - Retrouver le responsable d'une modification
  - Permettre l'accès simultané d'un document à de multiples utilisateurs
  - Gérer les droits d'accès
- Favoriser la réutilisation des standards et de l'existant
  - Faciliter l'utilisation des documents standards et garantir leur utilisation sans duplication ni évolution
  - Utilisations de catalogues
- Visualiser de nombreux formats de données
  - Consultation des documents Microsoft Office
  - Visualisation des fichiers Word et Excel intégrée
  - Visualiser tous types de documents numériques de type CAO

## 3.3 Contraintes de mise en œuvre

L'histoire de l'école a son importance dans le choix de l'outil. En effet, CATIA V5, la solution CAO de Dassault Systèmes, a été choisie depuis l'an 2000 en raison à la fois d'une évolution des enseignements proposés, de la formation des enseignants et des tarifs avantageux proposés par Dassault Systèmes pour son logiciel. Ce choix s'est aussi porté sur ce logiciel en raison de sa forte implantation dans l'industrie.

Un partenariat s'en est suivi, le service CAO adhérant tous les ans au support de ce logiciel contribuant à le pérenniser. Il en résulte un environnement qui est fortement ancré dans une solution logiciel de CAO prédéfinie pour lequel il serait compliqué d'en changer.

Les moyens financiers, comme dans tout projet, ont leur importance en cas de besoin de ressources matérielles, logicielles ou encore humaines. Dans le cas de notre projet, vu qu'il est lancé par un service technique, des crédits seront octroyés pour les services indispensables au fonctionnement du produit. Pour tout ce qui annexe, des choix seront faits en fonction des besoins sur l'avancement du projet.

Dans tous les cas, l'enveloppe maximum ne permet pas de modifier l'organisation complète de la CAO et il faudra s'appuyer sur l'existant tant sur le plan matériel que sur le plan logiciel.

Toute solution logicielle qui soit ne peut se déployer qu'en connaissance du système en place, du type de réseau ainsi que des versions de systèmes d'exploitation installés. Pour ces interrogations, le service informatique possède un document référant le schéma directeur informatique. Il est mentionné dans ce document qu'un réseau TCP/IP et des postes avec des systèmes Microsoft doivent être privilégiés.

Par ailleurs, les comptes utilisateurs, et l'ensemble des ressources réseaux sont gérées par un annuaire Active Directory qui contient tous les comptes utilisateurs de toute personne accédant au système d'information de l'école.

Ces contraintes, même si aucune n'est complètement réductrice, orienteront nos choix pour décider de la solution à mettre en place.

## 3.4 Solutions possibles

Face à cette liste de points essentiels à satisfaire, une réflexion large a été menée pour savoir quelles solutions sont envisageables.

Pour faire ce choix, j'ai défini des critères qui sont classés par ordre de priorité et notés sur 5 :
- Qualité de l'outil : sur ce critère sera jugée la capacité de la solution à répondre au traitement des données et à assurer les fonctions décrites
- Coût : comme évoqué dans les contraintes, le coût en terme purement financier et pas en temps humain est d'importance car le client n'est pas particulièrement doté de ressources importantes pour traiter ce problème

- Pérennité de l'outil et sa maintenabilité : ce critère même s'il arrive en dernier garde son importance. En effet, la solution, quelle qu'elle soit, doit pouvoir évoluer vers d'autres fonctions.

En fonction de ses critères, nous avons envisagé quatre solutions possibles :
- Un répertoire réseau
- Une base de données
- Un site portail
- Un Système de Gestion de Données Techniques (SGDT)

### 3.4.1 Un répertoire réseau

Une des solutions envisagées est la création d'un répertoire réseau par projet. En effet, avec une solution de ce type, les élèves pourraient retrouver les documents de projet et de cours sur un répertoire de type Windows.

| AVANTAGES | INCONVENIENTS |
|---|---|
| - Facilité de mise en œuvre<br>- Interfacé sur l'annuaire Active Directory<br>- Coût quasiment nul | - Pas de traçabilité des accès et des modifications<br>- Consolidation des données absente<br>- Sécurité lourde à mettre en place<br>- Déploiement complexe<br>- Noms des fichiers non explicites<br>- Pas de notions d'assemblages<br>- Pas de liens entre les documents<br>- Pas d'intégration avec les logiciels CAO |

Notes :
Qualité : 0/5 → Inadéquat par rapport aux besoins
Coût : 5/5 → Uniquement des répertoires réseaux à implanter
Pérennité : 2/5 → Complexe dû aux multiples arborescences des fichiers à créer

### 3.4.2 Une base de données

Le but étant de gérer des données, l'idée d'utiliser un système de gestion de base de données a été évoquée. Dans cette optique, le logiciel Microsoft Access a été testé. Une solution comme Oracle aurait présenté un coût bien trop important compte tenu des ressources allouées au projet.

Selon cette idée, on gère les métadonnées dans la base et les données sont liées à celle-ci via des liens de type UNC (Uniform Naming Convention).

| AVANTAGES | INCONVENIENTS |
|---|---|
| - Requêtes intéressantes (car basées sur du SQL)<br>- Sécurité incorporée<br>- Coût très réduit | - Sécurité lourde à mettre en place<br>- Pas d'intégration avec les logiciels CAO<br>- Aucune fonctionnalité pré-intégrée<br>- Pas de structure de base prédéfinie<br>- Pas de gestion de fichiers<br>- Temps de mise en place long |

Notes :

Qualité : 0/5 → Réduite du fait de l'absence de gestion de fichiers et manque de fonctions métiers

Coût : 5/5 → Le logiciel étant déjà acquis, aucun coût logiciel

Pérennité : 2/5 → Pas de compétence sur l'outil au sein du service CAO pour maintenir la base

### 3.4.3 Un site portail

Le Service Informatique de l'ENSAM propose différents moyens de diffusion de l'information aux laboratoires de recherche de l'ENSAM. Le portail local qui s'apparente à un intranet basé sur le logiciel Microsoft SharePoint Portal offre divers services de gestion de fichiers.

Une zone est déjà dédiée au service CAO, à l'enseignement qui pourrait être ainsi utilisée dans la cadre de travaux pratiques ou de projets.

| AVANTAGES | INCONVENIENTS |
|---|---|
| - Simple à mettre en œuvre<br>- Interfacé avec l'annuaire Active Directory<br>- Sécurité intégrée au logiciel<br>- Notion de classement de données<br>- Consolidation des données | - Pas de traçabilité des modifications<br>- Noms des fichiers non explicites<br>- Pas d'intégration avec les logiciels CAO<br>- Aucune fonction de recherche multicritères<br>- Pas de notion d'assemblage<br>- Pas de prévisualisation<br>- Pas de versionning ou de validation possible de document |

Notes :

Qualité : 2/5 → Réduite à de la GED

Coût : 5/5 → Nul car basé sur une plateforme existante

Pérennité : 3/5 → Les versions du logiciel sont mises à jours régulièrement par le SCI

### 3.4.4 Un SGDT

Un SGDT offre un environnement complet permettant de couvrir l'ensemble des besoins de contrôle, de gestion, de partage et de sécurisation de l'ensemble des données produites ou manipulées durant la conception d'un produit.

Cet outil supporte virtuellement tout type de donnée et en assure la sécurité, le partage et la gestion dans un coffre-fort électronique.

| AVANTAGES | INCONVENIENTS |
|---|---|
| - Traçabilité des accès et des modifications | - Gestion des droits difficile à mettre en œuvre |
| - Consolidation des données | |
| - Fichiers liés à des métadonnées | |
| - Intégration avec différents logiciels | |
| - Recherche multicritères | |
| - Ergonomie optimisée | |
| - Notions d'assemblages | |
| - Liens entre les documents | |
| - Gestion de fichiers via NTFS | |
| - Prévisualisation de documents | |
| - Versionning et validation possible de document | |

Notes :

Qualité : 4/5 → Répond presque à tous les besoins

Cout : 5/5 → Nul car inclut dans les licences CATIA V5 acquises

Pérennité : 3/5 → le Service CAO peut maintenir cet outil car faisant partie de ses attributions

### 3.4.5 Solution choisie

De toutes les solutions qui existent, celle qui semble être la plus apte à remplir les objectifs fixés est la mise en place d'un SGDT en prenant en compte des contraintes existantes aussi bien sur le plan du coût que sur un plan historique.

En effet, même si sur la base de données ou sur le site portail des développements sont possibles, il est aussi le seul de tous les systèmes à prendre en compte de façon native toutes les fonctions demandées en partant du stockage au contrôle en passant par la sécurisation des données.

En reprenant les critères choisis et les notes acquises par les solutions, on peut constater que le SGDT obtient la meilleure note sur chacun des critères.

Dans la partie suivante, j'ai choisi de détailler les caractéristiques d'un SGDT pour ensuite mieux comprendre les actions effectuées.

# 4 PRESENTATION DE LA SOLUTION : UN SGDT

La complexité inhérente à un système de ce type ainsi que son caractère novateur nécessite que l'on s'attarde particulièrement sur son historique, ses enjeux et son fonctionnement de manière à bien intégrer toutes les notions qui le définissent.

## 4.1 Historique et Définition

### 4.1.1 Historique

En trente ans, l'industrie a subi de nombreuses mutations et notamment l'une des plus importantes : la mise en place de l'ingénierie collaborative. Il y a encore quelques années, la production était organisée selon un processus séquentiel. Sur la base d'un cahier des charges, le bureau d'études fournissait des plans au service fabrication qui devait trouver les solutions adéquates pour obtenir le produit souhaité. Dans de nombreux cas, des difficultés émergeaient : impossibilité de montage des pièces entre elles, tolérances de fabrication incohérentes, coûts de production élevés, mauvaise utilisation des potentiels de production...

Pour corriger ces problèmes, les plans (qui sont des documents CAO représentant des pièces ou des produits) naviguaient donc régulièrement entre les services, et tenir les délais et coûts impartis devenait difficile à tenir. Les conséquences étaient plus ou moins marquées : manque de visibilité, perte de temps, de qualité, augmentation des coûts...

Autant de facteurs qui, à l'heure de la compétition mondiale, de la globalisation de la fabrication et surtout de la sophistication des systèmes, condamnaient cette organisation ainsi que le manque de communication entre les études et le reste de l'entreprise qui en découlait. Il devenait donc urgent et logique dans un premier temps de prendre en compte les contraintes de production à la fois techniques et économiques dès l'étape de conception, voir dès la définition des produits.

Dans un second temps, il a fallu intégrer dans le processus d'évolution du produit tous les services concernés, depuis le bureau d'études jusqu'à la maintenance en passant par les achats et le département commercial. Cette migration a œuvré pour le passage d'un mode de production séquentiel à un mode visant l'ingénierie collaborative.

Le bouleversement des habitudes de travail nécessite deux principes fondamentaux : déterminer les données définissant au plus juste les produits de l'entreprise et disposer d'outils techniques capables de gérer efficacement ces informations. La gestion des données techniques était née, également baptisée Product Data Management (PDM) par les Anglo-saxons.

Pour répondre à ce besoin d'organisation, des entreprises ont proposé des solutions logicielles. Ainsi le marché de la GDT est apparu au début des années 80 avec l'arrivée d'outils spécifiques qui ont donné naissance à des solutions réellement industrielles dans les années 90. Il s'agissait de systèmes fondés sur une boîte à outils de gestion de données et des couches applicatives. Ce n'est que depuis huit ou neuf ans que des logiciels évolués ont vu le jour, mais pour couvrir de manière verticale les besoins utilisateurs, c'est-à-dire l'aspect processus industriel ou l'aspect métier.

C'est principalement les secteurs automobile et aéronautique, dont les processus de fabrication et d'assemblage sont très complexes, qui ont poussé l'industrie dans son ensemble à intégrer le plus en amont possible les contraintes de fabrication. Cette approche a permis de réduire les temps de développement, d'améliorer la qualité et de réduire les coûts d'une manière générale.

Dans le milieu des années 1990, les SGDT ont connu une véritable impulsion avec l'émergence de quelques progiciels et des projets de grande ampleur (Boeing, Schlumberger, Renault...).

### 4.1.2 Définition

Au vu du nombre important de définitions trouvées, celle du livre de RANDOING Jean-Martial, « Les SGDT » me parait la plus exhaustive et la plus claire.

« Un SGDT est un système d'information qui :
- Organise et gère les accès, les modifications, le partage, le groupement, la sécurisation, l'approbation des données
- Contrôle l'accès multiple à la même donnée technique au même moment
- Assure l'archivage des données techniques dans un environnement hétérogène et distribué.

Plus simplement encore, gérer les données techniques c'est :
- Donner l'information voulue, dans sa totalité, à la personne voulue, au moment voulu
- Favoriser la consolidation, redistribution des apports de chacun
- Donner à chacun « sa » vue du produit ou du projet complet
- Subordonner toute création ou modification à une approbation.
»

Pour être tout à fait complet sur la définition d'un SGDT, il est essentiel de bien voir la différence entre une Gestion Electronique de Documents (GED) et un SGDT.

- La GED assure le stockage et le classement des documents mis sous forme numérique. La GED aide à gérer la diffusion des documents et donc les flux d'informations. Son emploi autour des logiciels de bureautique ou de dessin permet d'utiliser ces documents dans leur format original.

- Le SGDT est le système qui englobe et complète la gestion électronique de documents. Il ne s'agit plus seulement de stocker des documents, d'aider à les retrouver et de suivre leur diffusion. Il faut les intégrer réellement dans le flux de données et les mettre à la disposition du projet dans son travail quotidien. Le SGDT est ainsi un édifice dont la gestion électronique de documents serait la première pierre.

## 4.2 Enjeux

Les enjeux de la mise en place d'un SGDT sont extrêmement importants pour l'industrie. Je me contenterai dans ce paragraphe de mettre en évidence uniquement ceux concernant une structure d'enseignement telle que l'ENSAM.

### 4.2.1 Maintien de la cohérence de l'information

Les informations gérées par un SGDT sont toutes celles qui se réfèrent à un produit ou à une pièce depuis sa création dans le système jusqu'à sa destruction. L'information doit donc être définie sans ambiguïtés.

A chaque donnée, doit être associée une notion de validation, pour distinguer les données en étude, pas encore terminées (que l'on appelle données signées), des données validées, qui désignent une étape de la conception.

Le maintien de la cohérence et de l'intégrité de l'information est un enjeu majeur afin d'avoir un référentiel unique pour l'ensemble des acteurs d'un projet.

### 4.2.2 Référencement de l'information

Il est important de souligner qu'aucune information ne doit échapper au référencement dans le SGDT de manière à ce que toutes les informations se trouvent dans le système et pas éparpillées à divers endroits. Une étude de Dassault a montré dans une entreprise de taille moyenne, une information se trouvait généralement à 5 endroits différents en même temps.

Une fois le SGDT mise en place, il n'est pas permis de détenir une information non référencée. Il faut aussi passer par une mutation culturelle des états d'esprit vers le partage d'information et non pas vers la rétention.

### 4.2.3 Accessibilité de l'information

Toutes les données doivent être accessibles à tous, sous réserve d'une gestion draconienne des autorisations d'accès et avec des temps d'accès acceptables. L'information est rendue disponible en fonction des droits d'accès attribués à chaque intervenant du processus.

### 4.2.4 Amélioration de la qualité de travail des élèves

En utilisant un SGDT pour gérer les historiques des modifications de pièces et de produits, le contrôle des versions et les vues de produit, les élèves-ingénieurs peuvent assurer des corrections de manière simplifiée.

De même que la 3D permet aux populations de concepteur l'accès à des modes de travail plus performants, le travail collaboratif et la gestion de données techniques entraînent au travail multi-entités ainsi qu'elle renforce la connaissance et la rigueur de travail dans la culture technique des élèves.

### 4.2.5 La mutualisation des connaissances

Le SGDT facilite la réutilisation de conceptions, composants, projets et processus standardisés afin de permettre aux entreprises de développer des produits plus rapidement, plus efficacement et à moindre coût. Ceci permet, en tirant parti des connaissances existantes, d'éviter la redondance, la répétition des erreurs, de réaliser davantage de variantes de conception et de se concentrer ainsi sur l'innovation des produits.

### 4.2.6 L'engagement dans une démarche commune

Le SGDT donne une fenêtre à tous sur le produit et sur son avancement. Ce qui est vrai pour le produit l'est aussi pour le processus de conception développement lui-même : il est motivant de voir clairement et d'assimiler un processus auquel on participe. Il facilite le développement collaboratif de produits complexes en permettant d'afficher intégralement et de manipuler la structure des produits.

### 4.2.7 La part humaine

Sachant tous ces enjeux, il apparait que de nombreux points d'intérêt sont liés à la résolution de problèmes humains : culture, organisation, pratiques...

Sur ce thème, une enquête menée par I-Novastar au début 2003 sur les attentes des chefs de projet sur le SGDT donne les résultats suivant :
- 68 % de réponses : passer d'un mode de travail individualiste à un mode de travail collaboratif
- 63 % de réponses : faire de l'ingénierie collaborative et de la conception collaborative de produits
- 52 % de réponses : mettre en place un système de gestion de données techniques
- 40 % de réponses : gérer les projets
- 68 % de réponses : faciliter l'introduction de nouveaux produits et la gestion de modifications

Outre l'amélioration des habitudes de travail, les préoccupations transverses tiennent une large part des autres réponses. Ces priorités sont l'exact reflet de l'importance des hommes au cœur des projets.

## 4.3  Architecture d'un SGDT

**Figure 2 : Schéma de fonctionnement d'un SGDT en mode client-serveur**

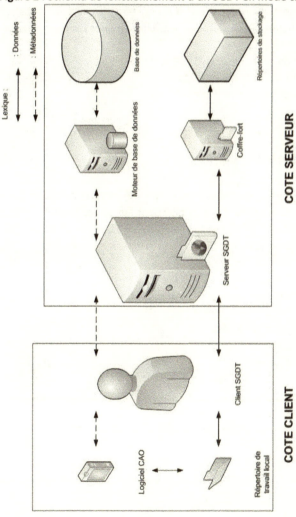

Ce schéma montre l'architecture générale et la communication entre un client et un serveur SGDT. La circulation entre ces deux éléments concerne les données (qui sont les fichiers eux même) et les métadonnées (qui sont des informations sur les données).

Un serveur SGDT est constitué d'un moteur de base de données et un coffre-fort. Sur le premier est lié une base de données qui possède les métadonnées alors que sur le second contient les fichiers stockés dans des répertoires ad-hoc.

Un client est composé d'une partie logiciel CAO qui traite la partie interfaçage des métadonnées et un répertoire de stockage des fichiers utilisés par le client SGDT.

On peut constater que toutes les couches logicielles discutent ensemble via des échanges de métadonnées alors que les fichiers sont traités via le coffre-fort par des processus habituels de gestion de fichiers.

## 4.4 Fonctionnement d'un SGDT

Dans un système de gestion de données techniques, la gestion de l'information est fondamentale et soulève de nombreuses questions auxquelles le système adopté doit répondre :
- L'information est-elle à jour ?
- S'agit- il de la donnée de référence ?
- Est-ce la dernière version ?
- Quelle est le type de données ?
- Dans quel projet est-elle utilisée ?
- Est-elle utilisée dans un assemblage ?
- Si oui, lequel ?
- Quelqu'un l'a-t-il modifiée ?
- Si oui, quand, qui et pourquoi ?
- Comment la retrouver ?
- Quels sont les autres informations liées ?
- Qui a le droit de la consulter, de la modifier, de la supprimer ?

Lorsque les informations concernées sont relatives aux produits et services et à la gestion de leur cycle de vie, les fonctions d'un SGDT peuvent apporter des réponses à ces questions.

### 4.4.1 Les attributs

Chaque information est qualifiée par des attributs (les métadonnées). Ces attributs vont permettre une recherche par de multiples angles d'attaque :
- Le produit
- Le projet concerné
- La personne responsable de la donnée, de sa validation
- La date (de création, de validation, de publication...)
- Une information ou un document lié
- Une désignation
- Des mots clés
- Un commentaire

L'ensemble de ces attributs doit définir l'information de manière unique et non ambiguë. On pourra alors rechercher l'information par plusieurs types de méthodes :
- La recherche dans les arborescences : De configuration des produits, de classification des composants, des différents projets...
- La recherche multicritères, de type requête dans la base de métadonnées, notamment en fonction de dates ou d'états de maturité de la donnée...
- La recherche sur des mots clés ou une phrase dans la désignation ou les commentaires...

Ces différents mécanismes vont permettre de retrouver la bonne information mais sous réserve que l'information sauvegardée soit la bonne. Deux dispositifs permettent de garantir l'intégrité de l'information : Le coffre fort et les processus de promotion et de validation.

### 4.4.2 Le coffre-fort

Le coffre fort est un mécanisme garantissant que l'information ne pourra être créée, modifiée ou supprimée qu'en respectant certains processus. Les données ne pourront pas être modifiées par des commandes du système d'exploitation ou par des programmes, autres que le SGDT. Le système de fichiers est propre à l'application, et pour le système d'exploitation ; le coffre fort se représente comme un seul et unique fichier accessible sous contrôle de l'application.

Eventuellement, les données seront encryptées pour en garantir la confidentialité. Par ailleurs, le coffre fort devra faire l'objet de sauvegardes. Les accès au coffre fort se font en suivant des procédures d'authentification et un statut associé aux informations : En cours, validé, approuvé, en modification.

Classiquement, lorsqu'on extrait une information du coffre-fort pour modification, l'information originale reste au coffre, une copie de cette information est transmise dans la zone de travail de l'utilisateur. Celui-ci peut alors la modifier, puis la remettre au coffre avec un nouvel indice. La nouvelle information peut entrer dans un nouveau cycle de validation. Par défaut, l'information disponible en consultation est l'information publiée au dernier indice.

### 4.4.3 La gestion des accès

L'authentification des accès est le mécanisme de base pour s'assurer de l'identité de la personne à qui l'on délivre l'information. Cette authentification se fait classiquement par l'entrée d'un nom et d'un mot de passe. Suivant les besoins, l'authentification sera automatiquement redemandée lorsqu'on laisse le système sans effectuer d'actions pendant un certain délai. Beaucoup d'applications demandent une authentification avant de s'exécuter. La gestion de ces différents mots de passe finit par devenir un vrai casse-tête pour un utilisateur.

De plus en plus, on parle du Single Sign-On (SSO) qui consiste à s'authentifier une seule fois pour toutes les applications auxquelles on a besoin de se connecter, les droits associés à cette authentification dépendant de l'application concernée.

L'authentification des accès permet de garder une trace des accès qui ont été faits aux informations et de tenir un journal avec le nom de l'utilisateur, la date et l'heure d'accès, ainsi que l'information à laquelle il a accédé.

La gestion des rôles consiste à définir les droits de chaque utilisateur sur les informations : consultation, modification, suppression... Ces droits sont associés à des couples utilisateur/objet ou à des couples utilisateur/informations sur les objets. Pour simplifier la gestion des droits, ceux-ci ne sont pas définis individuellement mais dans le cadre d'un rôle (ou d'un groupe d'utilisateurs).

Par exemple, un même individu peut jouer plusieurs rôles différents, suivant les projets auxquels il participe.

### 4.4.4 La représentation de l'information

La gestion des vues consiste à présenter l'organisation des informations en fonction des utilisateurs ou en fonction du processus invoqué pour accéder aux données. Le cas le plus courant d'utilisation des vues est la présentation des nomenclatures d'un produit. Les vues vont aussi être utilisées pour filtrer l'accès aux informations pour les partenaires ou les sous-traitants, lorsqu'ils disposent d'un accès au système d'information de leur donneur d'ordres. Dans ce cas, ils n'auront accès qu'à un sous-ensemble des informations disponibles dans le système.

La mise à disposition des informations au bon moment est étroitement dépendante des règles de validation/approbation. Mais elle dépend aussi du mode de mise à disposition de l'information en mode « pull » (information tirée) ou en mode « push » (information poussée) et des mécanismes d'abonnement, de notification et d'alertes associés.

Le mode « pull » est le fonctionnement le plus répandu. Lorsque quelqu'un a besoin d'une information, il recherche cette information dans le système par les modes de recherche décrits précédemment. S'il ne trouve pas l'information, il ignore si la raison est du à une mauvaise recherche de sa part, ou la non disponibilité de celle-ci.

Une amélioration consiste à s'abonner à une modification et/ou à ses évolutions, c'est le mode « push ». Dans ce cas, l'utilisateur qui s'est abonné reçoit automatiquement une notification, par d'intermédiaire de la page d'accueil du SGDT, ou par courrier électronique. Souvent, la notification décrit l'évolution de l'information et fournit un lien qui permet d'accéder directement à la nouvelle information, sans navigation. Dans ce dernier cas, la notification est en mode « push » et l'accès à l'information est en mode « pull ».

Pour mieux comprendre le travail de base d'un utilisateur avec un SGDT, j'ai pris deux exemples simples :

- Dans le premier exemple (visible en figure 3), un utilisateur souhaite modifier un document CAO. Cette opération est celle de base lors d'un travail de conception. Toutes les étapes qui sont décrites sont en corrélation avec le schéma de l'architecture du SGDT. Avec cette démonstration, le fonctionnement d'un SGDT devient plus clair.

- Le deuxième exemple (visible en figure 4), plus complexe, a pour ambition de montrer le travail de deux concepteurs sur un même assemblage. Alors que l'un d'eux est en train de modifier l'assemblage, ce qui signifie en CAO de modifier les rapports qu'ont les pièces entre elles, un autre utilisateur souhaite modifier une pièce composant cet assemblage. Ici encore, tous les éléments concernés du SGDT sont mis en évidence pour faciliter la compréhension générale du système. Il est à noter que cet exemple aurait pu se faire aussi avec plusieurs utilisateurs modifiant différentes pièces de ce même assemblage.

**Figure 3 : Exemple de travail de base sur un SGDT**

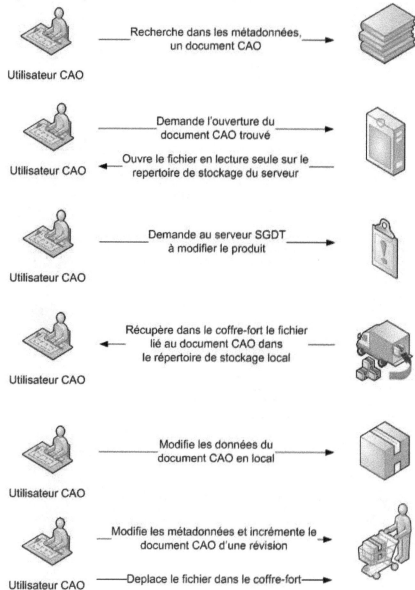

**Figure 4 : Exemple de travail collaboratif sur un SGDT**

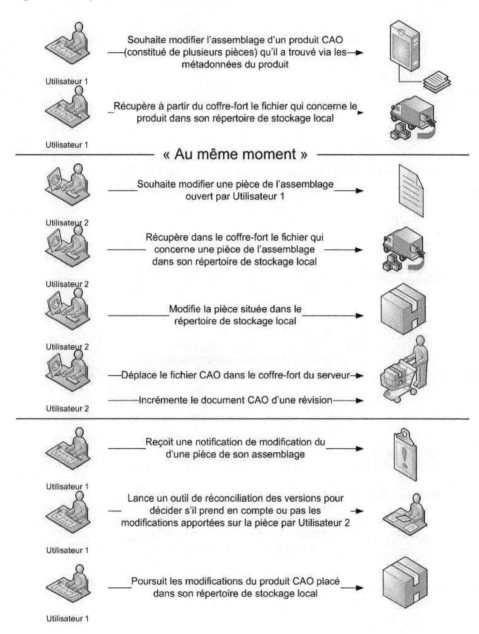

# 5 MISE EN ŒUVRE DE LA SOLUTION

## 5.1 Présentation de la solution choisie

Parmi toutes les solutions de SGDT qui existent sur le marché, l'une d'entre elles nous a rapidement paru évidente. En effet, le logiciel de Dassault Systèmes nommé Enovia Smarteam, qui est le logiciel SGDT de Dassault Systèmes, présente des avantages certains vis-à-vis de nos contraintes locales. En effet, le logiciel de conception CATIA V5 développé par Dassault Systèmes est utilisé par les enseignants aussi bien dans le cadre de cours, de travaux pratiques ou dirigés que dans des projets d'expertise. Il en résulte une dépendance à l'outil pour la mise en œuvre d'outils d'enseignements à l'ENSAM.

### 5.1.1 Le package PDMv5

Même si Smarteam, dans sa version de base, aurait pu être une solution envisageable, une alternative intéressante s'est présentée au début du projet. Dans le cadre du plan quadriennal de l'ENSAM, le groupe stratégique a décidé d'acquérir une version dédiée à l'enseignement de Smarteam. Cette version se nomme PDMv5 et possède des avantages qui ont conduit au choix de cette solution.

En effet, dès la découverte du logiciel, j'ai pu constater que Smarteam n'est qu'une boite à outils permettant de créer un SGDT et il fallait donc créer par soi même tout ce qui l'entoure. Grâce à PDMv5, des éléments sont préfinis dès l'installation de la solution.

A l'origine, l'idée principale de PDMv5 a été de créer une base de données pour aider les structures d'enseignement à intégrer un outil SGDT, sans pour autant passer par un nombre important de journée d'expertise. PDMv5 est une solution permettant la mise en œuvre d'une solution de collaboration au sein d'un bureau d'études.

L'environnement Smarteam est un lieu où il est question de suivi automatique des révisions (et stockage de l'historique), sécurisation du travail et gestion du cycle de vie des produits. Aussi, Smarteam permet aux utilisateurs de gérer et de maintenir toutes les informations relatives à leurs produits tout au long de leur cycle de vie.

Sachant que PDMv5 est une personnalisation de Smarteam, il est important d'en connaître les différents outils.

### 5.1.2 Les logiciels Smarteam

Maintenant voyons quels sont les logiciels qui composent la suite Smarteam.

Le produit SMARTEAM Foundation est la plateforme collaborative sur laquelle s'appuie l'ensemble du portfolio SMARTEAM. Il combine des technologies assurant une gestion collaborative robuste, flexible et sécurisée des données produit.

SMARTEAM Foundation comprend l'ensemble des serveurs utilisés par les autres produits SMARTEAM: serveur de Vault (coffre-fort sécurisé), serveur Web pour l'accès par un navigateur, recherches en texte intégral. Il intègre également des outils de configuration et d'administration simples et efficaces, ainsi que des mécanismes de sécurité et d'authentification souples et ouverts aux standards (LDAP, Active Directory).

SMARTEAM Editor est le produit phare de la suite de produits SMARTEAM ; il constitue le client lourd.

En conjonction avec SMARTEAM - Foundation, SMARTEAM Editor assure l'intégrité des données, des fichiers et des métadonnées. Il permet la gestion et le partage au niveau de l'Entreprise, de tous types de données et de ressources produits, tels les documents CAO 2D et 3D, les nomenclatures, les documents Office, etc.

On peut voir sur l'image suivante l'interface de Smarteam Editor. Sur la figure suivante est affichée le visionneur de fichiers sur lequel est représenté un produit, en l'occurrence un cric.

**Figure 5 : Interface de Smarteam - Editor**

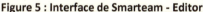
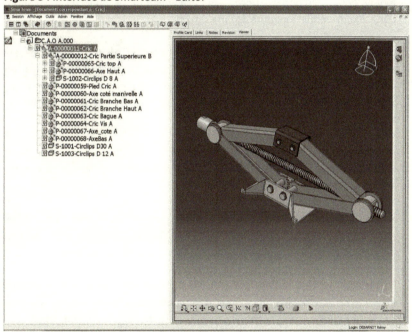

Le Web Editor offre un accès sécurisé à l'information de l'entreprise gérée dans un environnement SMARTEAM, via un navigateur Internet. SMARTEAM Web Editor permet à la fois aux utilisateurs éloignés d'accéder à la base de données techniques SMARTEAM et aux entités distantes de travailler sur le même projet en partageant leurs ressources simplement.

## 5.2  L'authentification des utilisateurs

### 5.2.1  Le protocole LDAP et Active Directory

Les Systèmes de Gestion de Données Techniques ont leurs propres modes d'authentification et de gestion des droits d'accès.

Des mécanismes propres permettent d'identifier les utilisateurs via un login et un mot de passe. Certains SGDT proposent également de se connecter à des serveurs LDAP afin de vérifier l'identité de l'utilisateur.

LDAP signifie Lightweight Directory Access Protocol. C'est un standard destiné à normaliser l'interface d'accès aux annuaires. L'objectif de LDAP est de favoriser le partage et de simplifier la gestion des informations concernant des personnes et plus généralement de toutes les ressources de l'entreprise, ainsi que des droits d'accès de ces personnes sur ces ressources.

LDAP simplifie la gestion des profils de personnes et de ressources, favorise l'interopérabilité des systèmes d'information à travers le partage de ces profils et améliore la sécurité d'accès aux applications.

Active Directory est un annuaire qui utilise le modèle de dénomination LDAP pour designer tout objet d'un serveur Windows 2000/2003. Il offre donc un espace homogène de noms et unique pour toutes les ressources d'un serveur.

En résumé, Active Directory tire parti du standard LDAP de façon significative. Il implémente son modèle de données pour la définition du schéma de l'annuaire. Il respecte l'organisation hiérarchique X500 et le modèle de dénomination associé pour identifier tout objet de l'annuaire.

### 5.2.2  Le gestionnaire d'authentification

Le gestionnaire d'authentification est un outil permettant aux administrateurs de configurer le comportement de la gestion de sessions. La sélection du protocole d'authentification utilisé se fait avec cet outil.

Le service de gestion de session est un service central qui offre l'identification et l'authentification sur toutes les applications Smarteam.

Authentication
Manager

Ce service supporte des multiples modes d'authentification pour permettre l'utilisation maximale des identités existantes dans l'organisation comme le LDAP, l'Active Directory ou les domaines Windows.

En centralisant l'authentification dans l'organisation, le gestionnaire d'authentification permet de mettre en œuvre un scenario de SSO pour toutes les applications Smarteam. Un utilisateur lançant une application Smarteam s'authentifiera une seule fois et pourra utiliser de multiples applications Smarteam sans avoir à se ré-authentifier.

Pour identifier les utilisateurs dans Smarteam, plusieurs possibilités existent :
- L'authentification intégrée SMARTEAM
- LDAP
- Active Directory
- Windows

Chacune de ses solutions étaient envisageables dans notre cas.

**Figure 6 : Interface Authentication Manager - SMARTEAM**

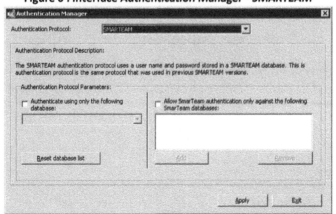

La solution de l'authentification intégrée (voir figure 6) a été rapidement abandonnée. Elle présente des limites évidentes. Avec ce choix, il aurait fallu recréer un compte pour chaque élève avec un mot de passe associé à retenir. Cet inconvénient majeur aurait pu être un frein important à l'aboutissement du projet.

**Figure 7 : Interface Authentication Manager - Windows**

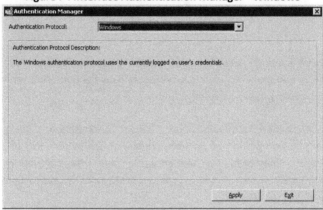

Ensuite, l'authentification Windows a été évoquée (voir Figure 7). Aucun paramètre n'est définissable avec cette procédure. Selon la documentation du produit, Smarteam se servirait des paramètres du compte utilisateur connecté sur le poste pour tenter une authentification.

Les tests n'ont pas été concluants. La plupart du temps, Smarteam – Editor refusait de démarrer sans aucun message d'erreur affiché à l'écran. Un tel comportement conduit généralement les utilisateurs à ne pas utiliser le nouvel outil proposé.

Enfin, les deux autres modes d'authentification que sont LDAP et Active Directory (AD) sont apparus les mieux adaptés à notre situation.

Concernant LDAP, je me suis heurté à une difficulté. En effet, l'architecture LDAP d'Active Directory s'est avérée obscure à trouver. En effet, l'entreprise Microsoft ne communique que très succinctement sur l'architecture détaillée de ses produits serveurs.

**Figure 8 : Interface Authentication Manager - LDAP**

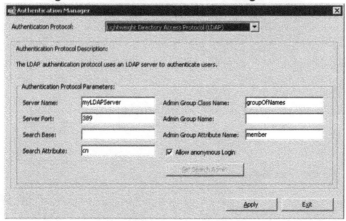

De ce fait, dans le cas d'une authentification par LDAP, tous les paramètres demandés par Smarteam n'ont pu être correctement communiqués pour obtenir une authentification réussie.

**Figure 9 : Interface Authentication Manager - Active Directory**

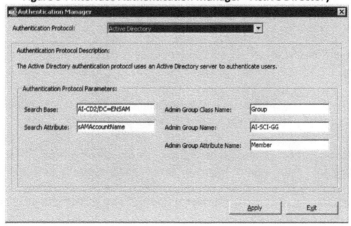

Active Directory (voir figure 9), sachant que l'ENSAM a fait ce choix d'annuaire pour identifier ses utilisateurs, parait être la solution la mieux adaptée à notre environnement. Avec cette méthode, l'identification se déroule sans problème à condition que l'on entre de façon manuelle ses identifiants de connexion du domaine lié.

Au final, cette solution nous offre une vraie souplesse d'utilisation autant dans la gestion d'utilisateurs que dans leur identification.

## 5.3 Le moteur de base de données

Smarteam ne possédant pas de moteur de base de données, il a fallu en choisir un. Dassault Systèmes en propose deux : Oracle DB 9i et Microsoft SQL Serveur 2005. Il convient de préciser que le support du produit Microsoft est récent et nos contacts chez Dassault Systèmes nous orientaient plus vers le produit d'Oracle.

Lors d'essais, nous avions pu voir l'ampleur de la difficulté de maintenance d'une base Oracle sans avoir de formation préalable. Une formation d'une journée sur les bases et les outils d'Oracle m'avait permis d'entrevoir les possibilités que nous offre cette solution mais aussi d'appréhender toutes les connaissances que je devrais acquérir pour gérer de façon efficace une base Oracle.

Suite à une prise d'information auprès d'Oracle pour connaître les formations permettant d'être opérationnel sur l'outil, nous avons pu constater que ces formations étaient très onéreuses. Le projet n'étant pas doté de ressources financières importantes, le cout induit par ces séances de formation se présente comme un obstacle majeur en vue du choix de cette solution.

Mais il n'est pas le seul élément déterminant qui nous a conduit à choisir SQL Serveur 2005, des éléments comme le nombre de connexions ou les performances ont aussi leur importance dans ce choix.

Dans cette optique, des tests ont été menés pour comparer les performances des deux systèmes par l'administrateur de la plateforme d'Ingénierie Collaborative. Ils ont été basés sur l'utilisation du processeur et la charge sur le réseau pour voir si un logiciel supportait mieux la charge induite par de multiples connexions et si le réseau était plus encombré avec un logiciel plutôt qu'un autre.

En guise de résultat, le constat a été que dans le cas de connexions en nombre réduit (comme sera utilisé Smarteam à l'ENSAM d'Aix-en-Provence), le logiciel Oracle n'était pas plus performant que la solution de Microsoft. Sachant cette information, l'achat d'un logiciel aussi complexe qu'Oracle ne se justifiait pas.

En connaissance de tous ses éléments, nous avons choisi le logiciel Microsoft SQL Serveur 2005 comme moteur de base de données pour la mise en place d'Enovia Smarteam dans notre centre.

## 5.4  La configuration du logiciel Smarteam

Cette partie constitue l'essentiel du travail effectué sur le logiciel lors de ce projet, pendant laquelle j'ai mis en place :
- Une installation de façon transparente
- Des préférences utilisateurs personnalisées
- Une architecture modifiée vers le mode client/serveur
- Une sécurisation du coffre fort
- Une gestion des données par type d'information

### 5.4.1  Une installation transparente

Smarteam propose par un système de scripts permettant d'installer Smarteam - Editor de façon automatisée. Cette fonctionnalité réalise une installation basée sur des lignes de commande sans nécessiter d'interface de dialogue.

Pour l'installation de la version complète, on utilise la commande Setup.exe alors que pour les mises à jour logicielles le service Msiexec est utilisé car celui-ci est considéré comme un package d'installation pour Active Directory.

La commande Setup.exe peut accepter un nombre de paramètres en ligne de commande à partir d'un fichier d'installation. En utilisant ces paramètres, il est possible de spécifier des éléments d'installation, comme la langue ou les options proposées par l'installation.

Concernant Msiexec, cette option est utilisée pour une installation directe sans utiliser le setup.exe. Les paramètres de ligne de commande doivent être les mêmes que ceux présents dans le fichier d'installation silencieuse. Cette méthode d'installation permet de déployer les mises à jour du logiciel de façon automatisée via la console d'Active Directory.

L'installation de Smarteam nécessite des pré-requis qui sont installés lors de l'installation de la version complète via la commande setup.exe :
- Windows Installer version 3.1
- InstallShied version 10.5
- Microsoft .NET version 1.1
- Microsoft .NET version 2.0
- SolidWorks eDrawings Viewer 2006

Du fait de ces pré-requis, nous devons en premier lieu intervenir sur chaque machine installer une première version de Smarteam – Editor.

Pour faire fonctionner PDMv5, nous avons constaté que des DLL (Dynamic Link Library) devaient être enregistrées pour que toutes les fonctionnalités soient effectives. En effet, sans celles-ci, il est impossible d'ajouter des documents à partir d'un emplacement disque, ce qui peut être très pénalisant dans le cas de projets d'élèves où d'autres documents que des documents CAO sont utilisés.

Grâce à ce mode d'installation, le service CAO pourra déployer simplement Smarteam – Editor en même temps que le logiciel de CAO CATIA V5. Les mises à jour se feront dans le temps de façon automatisée.

## 5.4.2 Des préférences utilisateurs personnalisées

Le service de configuration de système offre un mécanisme centralisé qui contient les informations de configuration de toutes les applications Smarteam. Les données de configuration, appelées clés de configuration, définissent les paramètres dans Smarteam.

Le service de configuration de système gère un ensemble logique de clés de configuration. Ces clés deviennent les clés du niveau Default sont effectives pour l'utilisateur final si elles ne sont écrasées par celles des niveaux inférieurs.

Ce service a de multiples niveaux de configuration simplifiant la gestion et la sécurité au travers des sites, des machines, des applications, des bases de données et des utilisateurs à partir de n'importe quel endroit dans l'organisation. La configuration du logiciel se fait sur le serveur et elle est appliquée à tous les clients.

Le service de configuration du système supporte des niveaux de configurations multiples pour permettre la définition de configuration complexes. Le concept induit par les niveaux de configuration est la possibilité de permettre l'ajout ou la modification de l'information au niveau où on le souhaite. Les détails de ces différents niveaux sont explicités sur la figure 10.

**Figure 10 : Architecture du service de configuration système**

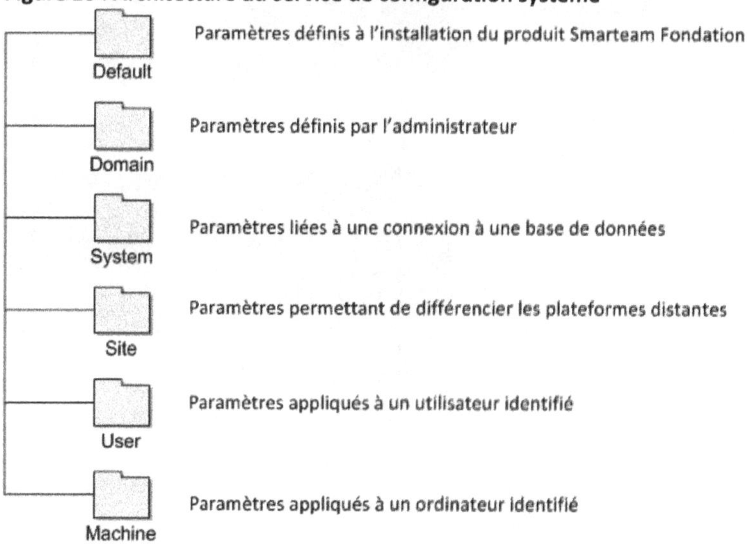

Default — Paramètres définis à l'installation du produit Smarteam Fondation

Domain — Paramètres définis par l'administrateur

System — Paramètres liées à une connexion à une base de données

Site — Paramètres permettant de différencier les plateformes distantes

User — Paramètres appliqués à un utilisateur identifié

Machine — Paramètres appliqués à un ordinateur identifié

Dans l'installation de base, il était nécessaire de copier le fichier des préférences héritées pour chaque utilisateur connecté à la base de données. Un répertoire devait donc être créer dans la zone User et le fichier devait être ainsi copié à cet emplacement ce qui représentait une opération lourde et fastidieuse.

Ce fichier a son importance dans l'utilisation de PDMv5. En effet, il permet dans l'utilisation de Smarteam de tirer des avantages substantiels que je présente en citant deux exemples :

- Les interfaces de dialogue lors d'opérations de cycle de vie deviennent minimes, ce qui représente un gain de temps important pour l'utilisateur.
- Les noms de fichiers sont ainsi plus explicites. Dans l'installation de base de Smarteam, le nom du fichier s'affiche en information principale ce qui n'est pas forcement très explicite pour tous les utilisateurs d'un même projet. Avec ces paramètres, la partie descriptive de l'objet est affichée. Il est possible de constater les bénéfices apportés par ces paramètres concernant les différents éléments d'un produit (ici une pompe) sur la figure 11.

**Figure 11 : Exemple d'interface sur PDMv5**

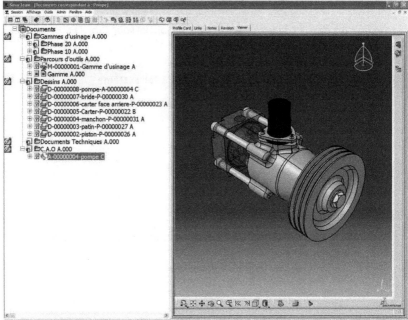

Ce ne sont que des exemples et il pourrait y en avoir encore d'autres pour expliquer l'intérêt des paramètres et donc de la manipulation qui permettrait d'automatiser ce comportement.

Le service de configuration du système possédant plusieurs niveaux, de nombreuses possibilités s'offraient à nous. En plaçant ces informations au niveau Domain des paramètres de configuration, des erreurs se produisaient empêchant toute connexion à Smarteam.

Le niveau machine a été envisagée. Avec cette solution, toutes les machines du centre ENSAM d'Aix-en-Provence aurait du être insérées dans les paramètres en créant un répertoire dans la partie machine pour chaque ordinateur. Le parc informatique évoluant très régulièrement et ainsi les noms des postes informatiques sont amenés à changer. Un travail fastidieux aurait été à réaliser régulièrement.

En plaçant le fichier de configuration au niveau Site, nous avons obtenu les résultats souhaités. Ce niveau sert normalement pour les entreprises avec divers sites distants ce qui n'est pas notre cas. En prenant en compte le fait que nous n'avons qu'un seul site, les paramètres s'appliquent donc pour toutes les machines et tous les utilisateurs du site.

### 5.4.3  Architecture modifiée vers le mode client serveur

Pour expliquer ce qui a été modifiée entre l'installation de base et celle mise en place, j'ai réalisé deux schémas explicatifs des deux architectures.

**Figure 12 : Architecture de Smarteam dans l'installation de base**

Serveur de fichiers          Serveur de base de données

Lien non-sécurisé

Smarteam Editor StandAlone

Préférences utilisateurs
Paramètres de configuration
Connexion à une BDD
Icones
Scripts
Macros
...

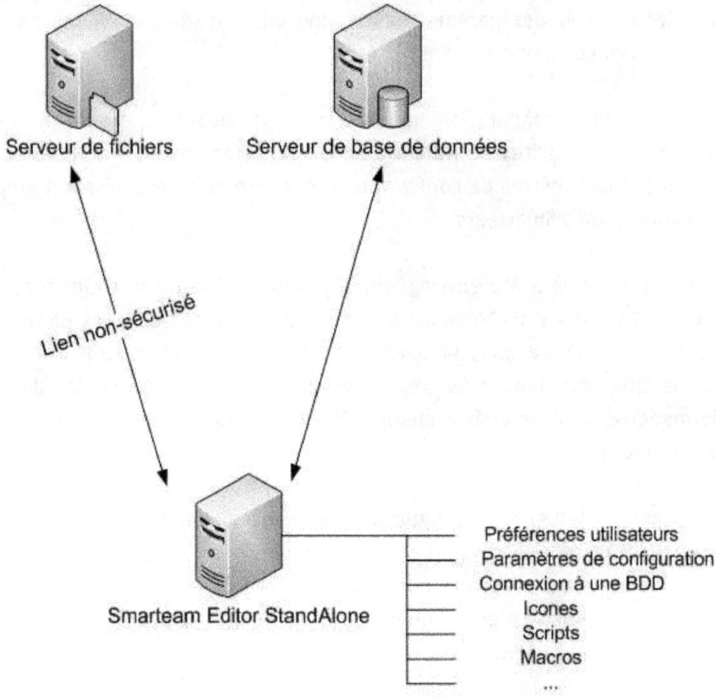

L'installation de base possède divers défauts qui viennent pour la plupart du fait que le client qui est installé est la version StandAlone (utilisé normalement à des fins de tests).

Elle ne possède donc pas de faculté de fonctionner en mode client/serveur. En effet, avec cette installation, tous les paramètres sont configurés en local sur la machine cliente. De ce fait, les préférences des utilisateurs que les paramètres de configuration doivent être gérés sur le poste client.

Pour la gestion des utilisateurs, il en est de même. Avec ce type d'installation, les comptes d'utilisateurs génériques sont utilisés car aucun lien n'existe avec l'architecture informatique présente dans l'environnement du SGDT.

Toute modification de script, d'icônes ou de macros devra se faire sur chaque poste client, ce qui rend contraignant l'administration d'un tel système.

En ce qui concerne la connexion à une base de données, elle devra être réalisée manuellement. Dès lors, si la base de données est modifiée ou changée, une intervention devra être réalisée sur chaque poste client.

Par ailleurs, le lien entre le poste client et le serveur de coffre-fort n'est pas sécurisé. Le chemin est aisément visible en cas de défaillance réseau rendant toute sécurité totalement inefficace.

**Figure 13 : Architecture de Smarteam dans l'installation mise en place**

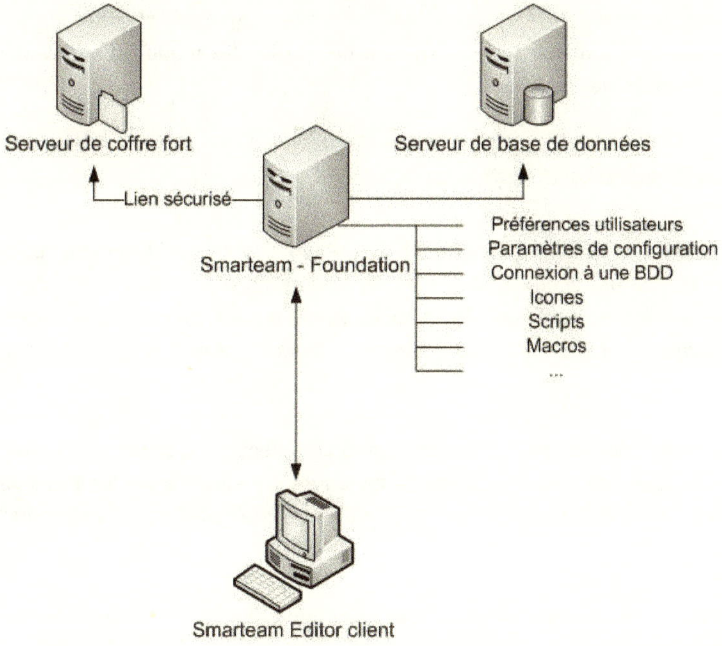

L'installation mise en place a permis de gommer tous les défauts de l'installation de base.

Tout d'abord, elle repose sur les principes édictés par Dassault Systèmes pour implémenter Smarteam dans une entreprise avec un serveur SGDT (Smarteam Fondation) et un client SGDT (Smarteam Editor). La gestion des utilisateurs est centralisée tout comme n'importe quel paramètre de configuration qui s'appliquera avec cette architecture à tous les clients.

Avec une telle installation le client ne possède en local que le répertoire de stockage des fichiers sur lesquels un utilisateur travaille. Il dépend tant pour les icônes qui s'affichent dans le logiciel que pour les scripts ou les macros du serveur qui les lui fournit par le réseau informatique.

La (ou les) bases de données utilisées par le client sont définies sur le serveur et toute modification concernera ainsi tous les postes clients en même temps. Le transfert et le stockage de fichiers du coffre-fort se feront aussi de manière sécurisée.

Ces changements ont été réalisés grâce à des profondes modifications dans les paramètres systèmes de Smarteam.

### 5.4.4  La sécurisation du coffre-fort

Dans l'installation de base de Smarteam, le chemin d'accès aux fichiers est codé de façon stricte via des chemins UNC. Ceci représente un vrai problème. En effet, le moindre problème de réseau indisponible ou de serveur surchargé, l'utilisateur voit s'afficher un chemin UNC sous la forme \\<nom du serveur>\<nom du partage réseau>.

Grâce à cette information, l'utilisateur saura comment contourner le système et accéder directement aux fichiers (même ceux sur lesquels il n'a pas les droits dans Smarteam) ou pire les supprimer. Ceci présente une faille importante pour le système.

Un coffre-fort est configurable via l'outil Vault Server Setup qui offre de multiples fonctionnalités.

VaultServerSetup

Avec cet utilitaire, les différents répertoires utilisés par Smarteam que sont Checked In (pour les documents signés), Released (pour les documents validés) et Obsolete (pour les documents obsolètes) peuvent être placés sur différents serveurs à divers endroits.

Sur le plan de la sécurité, en cas de défaillance réseau ou système sur le serveur, un simple message s'affiche indiquant à l'utilisateur que le fichier n'est pas accessible sans donner plus d'informations qui permettrait à l'utilisateur de contourner le système de gestion de données techniques.

La modification que j'ai réalisée sur la base PDMv5 s'est faite via des commandes de type UPDATE en SQL et des requêtes imbriquées. La commande qu'il a fallu lancer dans MS SQL Serveur 2005 a été faite pour les trois zones du coffre que sont Checked In (signés), Released (validés) et Obsolete (obsolète).

### 5.4.5 Une gestion des données par type d'information

Une fois le coffre fort sécurisé, de nouvelles fonctionnalités qui dépendent de ce service pouvaient être déployées.
Pour mieux gérer les données sur les disques durs, pour pouvoir faire du tri plus facilement, la création de zones au sein du coffre fort par rapport à certains projets (ou groupe de projets) s'est avérée intéressante et rapidement cruciale. Un outil appelé Vault Maintenance répond à ce besoin.

Vault Maintenance

A l'origine pour tous les projets, les documents suivant leur nature vont soit dans la zone Checked In, Released ou Obsolete dédiée. De nouvelles zones ont donc été mises en place, par année de projet dans le cas des simulations de bureaux d'études où les informations n'ont aucun intérêt à être conservées, ou par type de projet dans le cas de projet d'expertise.

A l'origine, cette manipulation ne fonctionnait pas car les projets héritaient tous des coffres par défaut. Une fois que l'héritage a été rompu, il est devenu simple de gérer les zones de coffre fort par projet.

**Figure 14 : Fonctionnement du coffre-fort dans l'installation de base**

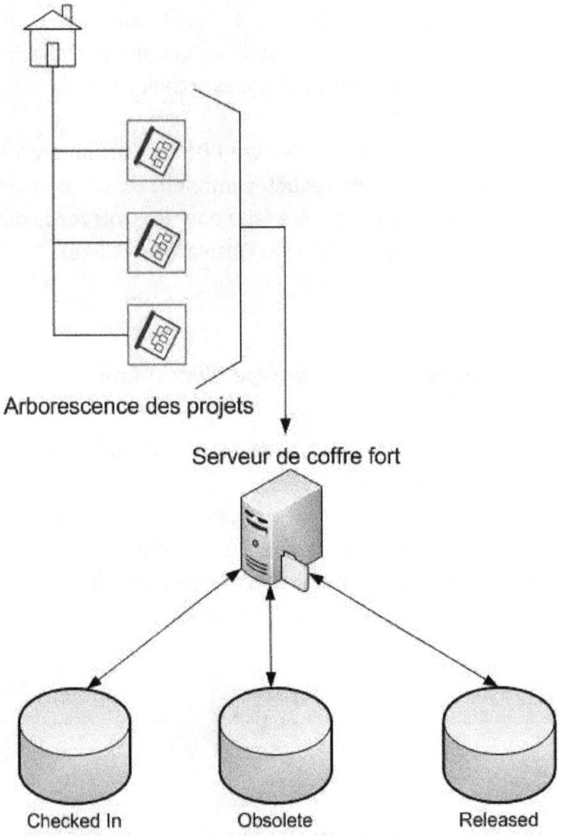

L'icône représentant une maison désigne la racine de l'arborescence des projets alors que chaque icône bleu représente un projet avec ses données.

Dans l'installation de base, tous les projets mettent leurs informations dans les mêmes conteneurs par défaut. Un document quel qu'il soit ira se placer dans la zone correspondante à son état qui est soit Checked In, soit Released, soit Obsolete.

Aucune gestion du placement des informations par projet ou par type de données n'est possible avec cette architecture. Pour l'administration de la base, la gestion des fichiers créés devenait difficile avec un tel système.

**Figure 15 : Fonctionnement du coffre-fort dans l'installation mise en place**

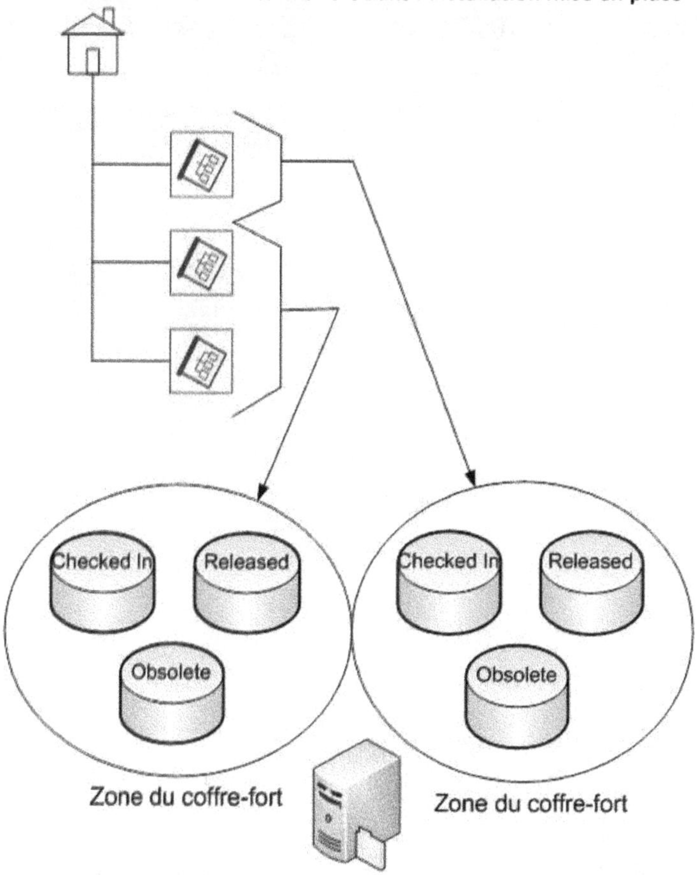

Avec l'outil de maintenance de coffre-fort, les données sont reparties suivant leur type ou le projet auxquelles elles appartiennent. La gestion des fichiers sur le serveur SGDT peut se faire de façon automatisée.

Sur ce schéma qui sert d'exemple, les données du premier projet vont dans une zone du coffre-fort alors que celles des deux autres projets iront se placer dans une autre zone du coffre-fort. Elles sont gérées via l'outil de configuration du serveur de coffre-fort visible sur la figure 16.

**Figure 16 : Interface de l'utilitaire de configuration du serveur de coffre-fort**

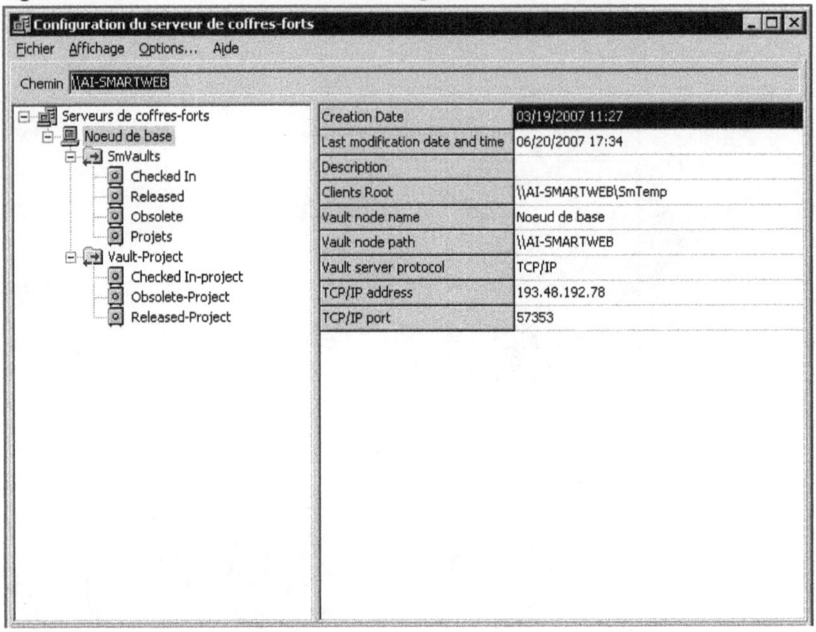

## 5.5 La gestion des utilisateurs

### 5.5.1 *Les droits dans les projets*

En matière de gestion des droits d'accès, l'administrateur aura toujours à cœur de garder la simplicité. En effet, dans de nombreux cas, une gestion fine, sophistiquée des droits d'accès envisagée au départ fait place dans la pratique à des solutions dégradées mais pratique à utiliser et à administrer comme l'accès à tous aux informations produit.

Dans l'installation de base de Smarteam, les droits se faisaient selon le tableau de droits suivant :

| Groupes | Projets | | | | Documents | | | | |
|---|---|---|---|---|---|---|---|---|---|
| | Voir | Ajouter | MAJ | Supprimer | Voir | Ajouter | Supprimer | MAJ | Valider |
| Documents - View Only | | | | | + | | | | |
| Documents - General User | | | | | + | + | + | + | |
| Documents – Approver | | | | | | | | | + |
| Projects - View Only | + | | | | | | | | |
| Projects - General User | + | + | + | + | | | | | |

MAJ : Mise à Jour

Selon les différents groupes auxquels il appartient, un utilisateur possède des droits sur des documents ou des projets. Ces droits sont gérés par l'outil User Maintenance.

**Figure 17 : Interface de gestion du groupe Projects - View Only**

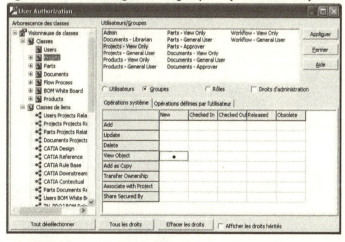

Sur la figure 17, les droits du groupe Projects – View Only sont affichés alors que la figure 18, ce sont les droits du groupe Projects – General User qui sont représentés. Il est possible avec ces deux interfaces de voir clairement les différences de droits dans ces deux groupes de sécurité.

**Figure 18 : Interface de gestion du groupe Projects - General User**

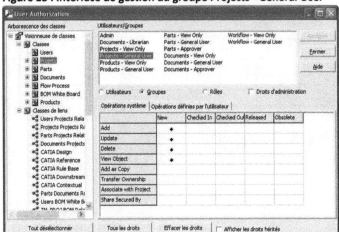

Avant d'expliquer les changements que j'ai du effectuer pour avoir une gestion des utilisateurs efficace, il convient de montrer comment étaient gérés les droits dans l'installation de base.

**Figure 19 : Gestion des droits dans l'installation de base**

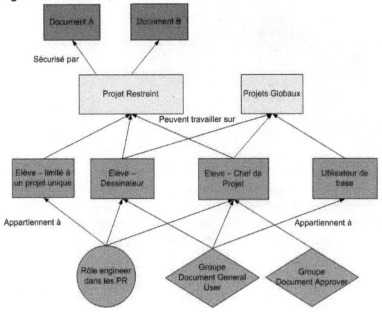

Les rôles servent à gérer les droits dans les projets alors que les groupes sont faits pour mettre en place les droits globaux.

Ce schéma nécessite quelques explications qui sont faites par utilisateur car ils sont le point central dans la gestion des droits :

- Elève - limité à un projet unique : Du fait qu'il a que le rôle d'ingénieur dans le Projet Restreint (PR), il a tous les droits sur ce projet mais ne peut voir que les documents sécurisés par ce projet (comme le document A). Il n'a pas accès aux projets globaux (et les documents qui leur sont associés) car il n'appartient à aucun groupe.

- Elève dessinateur : Par son rôle dans le PR auquel il est affecté, il a tous les droits sur le document A (sécurisé par le projet). Sur le document B lié au PR (mais n'étant par sécurisé par le projet) ainsi que ceux des projets globaux, il a des droits limités par son appartenance au groupe Document General User (qui autorise de réaliser les opérations de base).

- Élève – Chef de projet : Idem que l'élève dessinateur. En plus il peut valider les documents réalisés par les autres utilisateurs de part son appartenance au groupe Document Approver et ainsi les déclarer comme livrables.

- Utilisateur de base : Il n'a pas accès au PR seuls ceux qui ont un rôle sur ce projet peuvent y accéder. Il peut uniquement travailler sur les documents des projets globaux grâce à son appartenance au groupe Document General User.

Ce comportement n'était pas satisfaisant pour de multiples raisons qui sont :

- Le rôle engineer donne tous les droits aux projets restreints ce qui donne comme conséquence l'impossibilité de configurer un projet avec plusieurs élèves ayant des droits différents
- Aucun rôle n'est préconfiguré à la différence des groupes
- Les droits sur les groupes s'appliquent à tous les projets donc on ne peut donner deux rôles différents à un élève d'un projet à un autre.

Il a fallu donc trouver d'autres solutions de manière à gérer de façon efficace les droits des utilisateurs.

Les droits par projet qui sont cruciaux pour nos besoins de simulation de bureaux d'études ne pouvaient être gérés dans l'installation de base.

La pluralité des droits possibles (s'ils sont sécurisés ou non par un projet) sur les documents pouvaient nuire à l'intégrité globale du système.

Les rôles n'étant pas pré-paramétrés dans PDMv5 où seuls les groupes le sont. Or ces derniers ne sont pas utiles pour les objectifs de notre projet. Il devenait nécessaire de trouver un moyen de passer les rôles en groupes. En étudiant la structure de la base de données via le logiciel Microsoft SQL Serveur 2005, le champ identifiant un conteneur de sécurité comme un groupe ou un rôle a été trouvé.

Tous les groupes sont donc passés en rôles. Mais les droits sur les rôles ne s'appliquaient qu'aux éléments sécurisés par les projets. La solution a été de passer le paramètre de configuration CATIA.CADSaveSecureBy à YES, ce qui a eu comme conséquence que tout nouveau document enregistré dans le système serait automatiquement sécurisé par les projets. Les droits sont maintenant paramétrés de façon à utiliser Smarteam pour nos besoins pédagogiques.

### 5.5.2 L'importation des utilisateurs LDAP

Comme vu précédemment l'authentification des utilisateurs se fait via Active Directory, de manière à faciliter celle-ci et que les élèves puissent réutiliser leur compte pour se connecter aux applications Smarteam.

Une étape préalable est nécessaire, celle-ci consiste à importer les utilisateurs via des requêtes LDAP. Par ce mécanisme, on peut ensuite gérer les utilisateurs dans des groupes Smarteam et ainsi leurs droits. Les paramètres utilisateurs (des fichiers de configuration) peuvent ainsi être manipulés une fois les utilisateurs importés.

Import LDAP Users

Voici une capture écran d'un exemple d'importation d'utilisateurs (dans le cas présent les membres du Service Informatique). Lors de la première étape, il faut entrer sa requête LDAP, l'adresse IP du serveur ainsi que le mode d'authentification au LDAP.

**Figure 20 : Fenêtre de requête d'importation LDAP des utilisateurs**

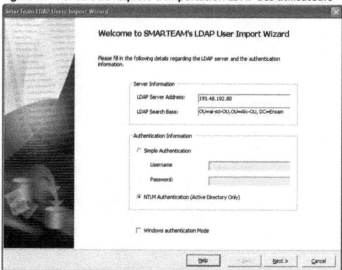

Le choix des utilisateurs à importer se fait pendant une deuxième étape.

**Figure 21 : Fenêtre de choix des utilisateurs à importer**

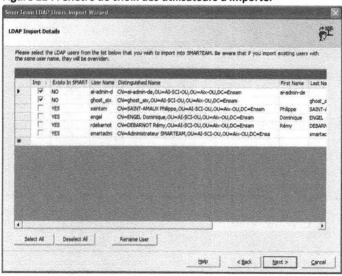

La troisième et dernière étape revient à voir les importations effectuées.

## 5.6 L'éditeur WEB

Smarteam – Web Editor est une interface client légère, intuitive, basée sur des technologies web utilisés par les navigateurs Internet traditionnels.

En quelques mots, cet outil offre une accessibilité de lecture et d'écriture via Internet sur une base de données et permet de gérer les fichiers créés par les élèves permettant d'utiliser toutes les fonctions Smarteam courantes, incluant les opérations de cycle de vie, et les recherches.

Avec le Web Editor, les utilisateurs peuvent réaliser des recherches avancées et voir les documents sans pour autant les télécharger. Il permet aussi de créer, d'éditer, de voir, de contrôler ou d'annoter à distance tous types de documents.

Utilisant un navigateur Internet et la technologie Java, l'éditeur Web de Smarteam est parfaitement intégré en tant que client léger, réduisant considérablement le temps d'implantation. De plus, vu que l'interface est déjà familière pour l'utilisateur, aucune formation n'est nécessaire.

**Figure 22 : Interface du WebEditor**

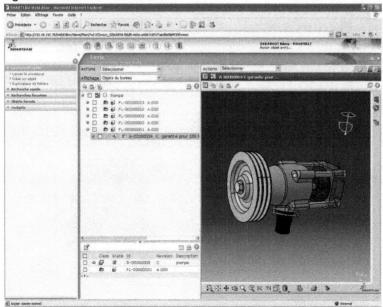

L'interface de l'outil est intuitive, très visuelle, permettant un accès rapide à de nombreux types d'informations liés au document d'un coup d'œil (voir figure 22). Les projets sont organisés dans une structure arborescente et des icônes personnalisés pour chaque type d'objet.

La présence d'un tel outil comble l'objectif qui était de permettre l'accès de tout poste informatique au SGDT implanté par le service CAO, ne serait-ce que pour consulter les informations présentes dans les différents projets.

Un autre outil lié au WebEditor a aussi été implanté, un visionneur de fichier universel (voir figure 23).Il offre la possibilité d'ouvrir via une interface de type Web tout type de fichiers.
Dans notre environnement, cette fonction peut nous être utile dans le cas où des intervenants extérieurs ont besoin de travailler avec des étudiants sur des formats de documents (CAO ou pas) non pris en charge par les logiciels installés dans notre centre ENSAM.

**Figure 23 : Interface du WebViewer**

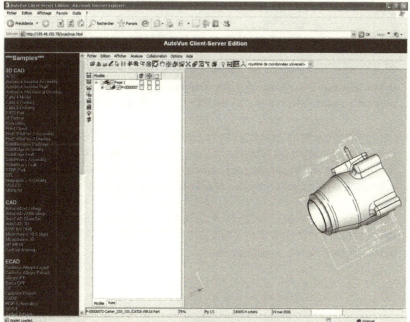

# CONCLUSION

Selon les objectifs définis, le but du projet était de mettre à la disposition des enseignants une plateforme de gestion de données techniques leur permettant de gérer les données produites par les élèves dans le cadre de cours et de projets. L'accès à ces données devait être sécurisé, et leur disponibilité assurée. Par ailleurs, il était nécessaire de leur apporter un caractère pérenne.

Grâce à tous les outils mis en place, l'objectif décrit dans la définition du projet est rempli. En effet, tous les services tant sur le plan de la sécurité, sur l'intégrité des informations ou sur la disponibilité des informations sont présents pour un déroulement efficace de projets utilisant des outils de SGDT. Des travaux pratiques de simulation de bureaux d'études pourront être organisés en utilisant notre plateforme d'ingénierie collaborative permettant ainsi aux élèves de s'approcher d'un mode de travail industriel.

Sur un plan personnel, ce mémoire d'ingénieur m'a permis de mener un projet dans son ensemble. En effet, la conduite du projet m'ayant été confiée, il m'incombait de résoudre les écueils auxquels j'aurais à faire face. Ces nouvelles responsabilités impliquaient des attentes importantes du client du projet et m'ont fait évoluer dans la manière d'aborder les problèmes.

Tout au long de la période de mémoire, des étapes se sont succédées. Avec elles, mon état d'esprit a changé, plus porté sur la technique dans un premier temps et plus centré sur le besoin de l'utilisateur final dans un second temps.

J'ai aussi découvert le monde de la recherche et de l'enseignement supérieur tel que je n'avais jamais pu l'aborder. J'ai du m'initier à des disciplines éloignées de l'informatique traditionnellement enseignée et pratiquée dans les services informatiques pour me centrer sur la problématique du projet.

Toutes les technologies autour du PLM même si elles sont déjà bien présentes dans l'industrie n'en sont à mon avis qu'à leur balbutiement et devraient prendre plus d'ampleur dans la décennie à venir.

# BIBLIOGRAPHIE

DEBAECKER Denis. PLM - La gestion collaborative du cycle de vie des produits. Hermes Sciences Publications, 2005, 292 p.

RANDOING Jean-Martial. Les SGDT. Hermes Sciences Publications, 1995, 258 p.

DASSAULT SYSTEMES. *Documentation Enovia Smarteam V5R17 SP4* **[CD-ROM]** Dassault Systèmes, 2007

Dassault Systèmes. *Enovia Smarteam* **[en ligne]**.
Disponible sur : http://www.3ds.com/fr/products-solutions/plm-solutions/enovia-smarteam/overview/

Site PLM/PDM/DMU. *Guide Ecole Centrale Paris* **[en ligne]**.
Disponible sur : http://plm.etudes.ecp.fr/index.php?page=accueil.htm

Dassault Systèmes. *Contact Mag* **[en ligne]**.
Disponible sur : http://www.3ds.com/fr/news-events/contact-mag/

# GLOSSAIRE

**BE** : Bureau d'Etudes

**CAO** : Conception Assistée par Ordinateur

**CER** : Centre d'Enseignement et de Recherche

**DG** : Direction Générale

**EPSCP** : Etablissement Public à Caractère Scientifique, Culturel et Professionnel

**GDT** : Gestion des Données Techniques

**GED** : Gestion Electronique des Documents

**IC** : Ingénierie Collaborative

**LDAP** : Lightweight Directory Access Protocol

**PDM** : Product Data Management

**SCI** : Service Commun Informatique

**SQL** : Structured Query Language

**TP** : Travaux Pratiques

**UNC** : Uniform Naming Convention

www.ingramcontent.com/pod-product-compliance
Lightning Source LLC
LaVergne TN
LVHW042347060326
832902LV00006B/433